BEI GRIN MACHT SICH IHR WISSEN BEZAHLT

AF144507

- Wir veröffentlichen Ihre Hausarbeit,
  Bachelor- und Masterarbeit

- Ihr eigenes eBook und Buch -
  weltweit in allen wichtigen Shops

- Verdienen Sie an jedem Verkauf

Jetzt bei www.GRIN.com hochladen
und kostenlos publizieren

Bibliografische Information der Deutschen Nationalbibliothek:

Die Deutsche Bibliothek verzeichnet diese Publikation in der Deutschen National-bibliografie; detaillierte bibliografische Daten sind im Internet über http://dnb.d-nb.de/ abrufbar.

Impressum:

Copyright © 2012 GRIN Verlag, Open Publishing GmbH
Druck und Bindung: Books on Demand GmbH, Norderstedt Germany
ISBN: 978-3-668-14434-7

Dieses Buch bei GRIN:

http://www.grin.com/de/e-book/315479/gattungsanalyse-epik-ueberblick-der-wichtigsten-begrifflichkeiten-und

Anonym

Gattungsanalyse Epik. Überblick der wichtigsten Begrifflichkeiten und Konzepte zur Interpretation eines erzählenden Textes

GRIN Verlag

GRIN - Your knowledge has value

Der GRIN Verlag publiziert seit 1998 wissenschaftliche Arbeiten von Studenten, Hochschullehrern und anderen Akademikern als eBook und gedrucktes Buch. Die Verlagswebsite www.grin.com ist die ideale Plattform zur Veröffentlichung von Hausarbeiten, Abschlussarbeiten, wissenschaftlichen Aufsätzen, Dissertationen und Fachbüchern.

Besuchen Sie uns im Internet:

http://www.grin.com/

http://www.facebook.com/grincom

http://www.twitter.com/grin_com

EPIK

Zu beachten: Mischformen sind immer möglich und auch häufig und sind der Ansatz für die Interpretation. Bis ins 18. Jahrhundert ist der Roman wenig respektiert (auch nicht von Gottsched). Es wurde sehr lange in Versform geschrieben (Homer, Hartmann von Aue, Messias (Klopstock)). Vor dem 19 Jahrhundert kam die Prosa immer mehr in Mode, in der Mitte des 19. Jahrhundert wurde fast nur noch in Prosa geschrieben (Prosa). Es zeichnet sich eine Dominanz der Prosa ab, die oft in Konkurrenz zur Lyrik gesehen wird. In der Moderne werden die festen Formen zunehmend aufgelöst. Der strukturelle Unterschied zwischen Lyrik und Prosa besteht vor allem in der Existenz eines Erzählers (Vermittlungsfunktion). Die Zeit der erzählenden Literatur ist meistens das epische Präteritum oder das historische Präsens, im Drama dagegen sehr häufig „reines" Präsens. In erzählenden, (modernen) Texten kommen natürlich auch andere Zeitstufen vor (bis zum Präsens), aber das epische Präteritum bildet die dominanteste Form. Innerhalb eines Textes kann die Zeitstufe auch immer wechseln.

Episches Präteritum: Morgen war Weihnachten (gibt nur im Kontext einer Geschichte Sinn). Vorherrschende Tempusform der erzählenden Gattung. Drückt die fiktive Gegenwartssituation der Figur aus, von der es berichtet – hat also nicht die Funktion der Vergangenheitsbeschreibung: Symptomatisch die Verbindung mit einem Zunkunftsadverb: „Morgen ging sein Zug".
Historisches Präsenz: i.R. vereinzelte Gegenwartsformen in Erzählungen, die sonst im epischen Präteritum verpasst sind. Durch die zeitliche Angleichung des Erzähler- und des Figurenstandpunkts erscheinen die Personen stärker als Handelnde, mögliche Folgen sind größere Lebendigkeit und dramatische Veranschaulichung.

Erzählzeit: Zeit, die der Erzähler braucht, um die Geschichte zu erzählen. Dauer, welche die Lektüre des Erzähltextes benötigt. (Messeinheit: Seiten)
Erzählte Zeit: Zeit, um die es sich im Roman handelt. Zeit bzw. Zeitdauer der erzählten Geschichte, Zeitraum, denn das Geschehen einnimmt.

I. Strukturen und Grundformen des Erzählens

Faktuales und fiktives Erzählen
Faktuales Erzählen: eine authentische Rede aus Aussagesätzen über real historische Ereignisse der Personen, die von einem realen Sprecher mit behauptender Kraft geäußert wird.

Autobiographie (Günter Grass: *Beim Häuten der Zwiebel*)

Homodiegetisch, faktual
Autobiographischer Pakt: Versicherung, dass das erzählte wahr ist

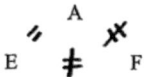
Historische Biographie (Golo Manns *Wallenstein*)

Heterodiegetisch, faktual
Es wird über eine (historische) Person erzählt; der Autor berichtet, über jemand anders

Hinweis: Alle Abbildungen sind dem Werk "Einführung in die Erzähltextanalyse" von Silke Lahn und Jan Christoph Meister entnommen.

Fiktionales Erzählen: Eine fiktionale Erzählung besteht aus Aussagesätzen, die von einem realen Autor als authentische Behauptungen eines von ihm erfundenen Erzählers imaginiert werden. Fiktionales Erzählen erhebt keinen Anspruch darauf, an der außersprachlichen Wirklichkeit überprüft zu werden. Behandelt fiktive, erfundene Gegenstände.
Funktionssignale geben Hinweise auf die Konstruktion:
- Gattungsbezeichnung

- „es war einmal"
- Episches Präteritum
- Aussagen/Gedanken über Personen in der 3. Person

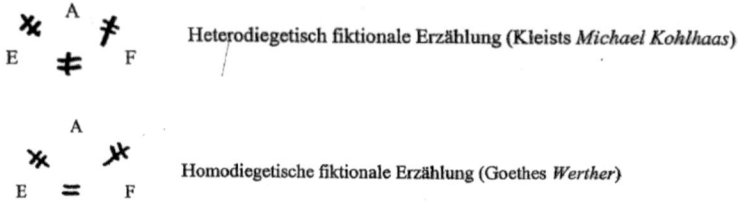

Heterodiegetisch fiktionale Erzählung (Kleists *Michael Kohlhaas*)

Homodiegetische fiktionale Erzählung (Goethes *Werther*)

Heterodiegetisches/ homodiegetisches und autodiegetisches Erzählen

Diegese bezeichnet ursprünglich die dichterisch darstellende Rede, heute verstehen wird unter Diegese die erzählte Welt insgesamt (Raum und zeitliche Ausdehnung der erzählten Welt), die als existent behauptet wird.

Heterodiegetisch: Erzähler ist nicht Teil der erzählten Welt, unbeteiligter Beobachter, Erzählen in 3. Person
Homodiegetisch: Erzähler ist Teil der erzählten Welt, unbeteiligter Beobachter, Nebenperson, auch beteiligter Beobachter, Figuren der erzählten Welt
Autodiegetisch: Erzähler ist die Hauptfigur, erzählt seine eigene Geschichte, 1. Person Singular, Teil der erzählten Welt; Hauptperson, der von ihm erzählten Welt

Heterodiegetisch
(3. Ps. Sg., Erzähler ist nicht Teil der erzählten Welt)

Homodiegetisch
(1. Ps. Sg., Erzähler ist Teil der erzählten Welt)

1.--2.-------3.-------4.-------5.-------6.

1: Unbeteiligter Erzähler
2: Unbeteiligter Beobachter
3: Beteiligter Beobachter
4: Nebenfigur
5: Eine der Hauptfiguren
6: Die Hauptfigur erzählt ihre Geschichte (*autodiegetisch*)

Bezeichnet wird hier die Stellung des Erzählers zur erzählten Welt. Der Autor ist nie Teil der erzählten Welt.

Intradiegetisch versus extradiegetisch

Nicht immer erzählt der Erzähler alles, er kann die Kompetenz des Erzählens auch an die Figuren weitergeben. Man unterscheidet zwischen Rahmen- und Binnengeschichte. Die Binnengeschichte wird dabei von einer Fihur erzählt, und zwar innerhalb der Rahmengeschichte.

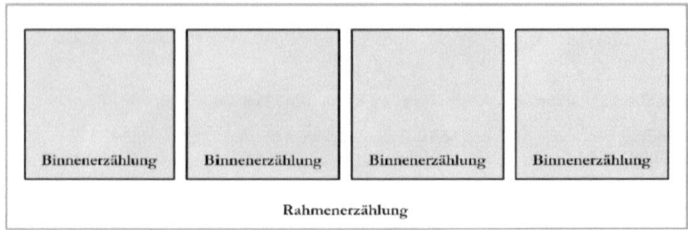

Intradiegese: eine in die Geschichte eingelagerte Binnenerzählung. Figuren werden kurz zu Ich-Erzählern. Wichtig ist also, wer wie erzählt.

Extradiegese: primärer Erzähler, 1. Stufe wird zur Rahmengeschichte, wenn eine andere Geschichte eingeflochten wird (Binnengeschichte).

Metadiegese: Geschichte in der Binnengeschichte (intradiegetisch), noch mal in die Geschichte reingeschachtelt, tertiär

extradiegetisch – intradiegetisch – metadiegetisch

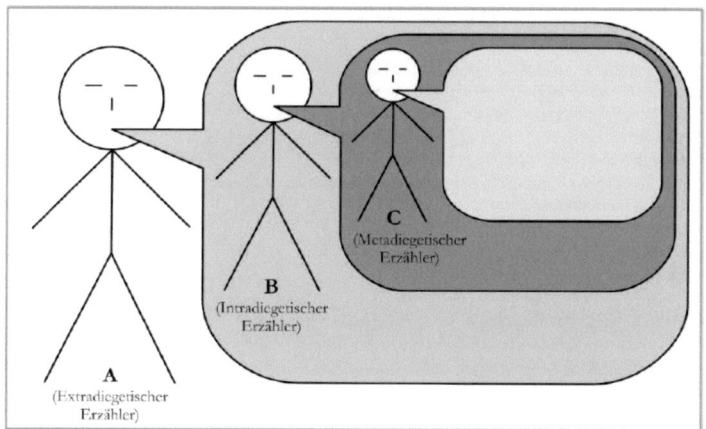

Man kann sowohl mit der Binnenerzählung als auch mit der Rahmenerzählung anfangen und dann nach innen bzw. außen fortfahren.

Analepsen werden meist nicht zur Intradiegese gezählt.

Sommerhaus (Zeitungsartikel → intradiegetisch; Ich-Erzähler wird zu extradiegetischem Erzähler)

II. Perspektive/ Fokalisierung

Fokalisierung – aus welcher Sicht wird erzählt?

Perspektive der Darstellung ist relativ, also im Bezug, zum Standpunkt eines wahrnehmenden Subjekts

Nullfokalisierung: Erzähler > Figur; der Erzähler weiß mehr als jede Figur der Erzählung; Übersicht

Interne Fokalisierung: Erzähler ≈ Figur; der Erzähler sagt nicht mehr, als die Figur weiß; Mitsicht

Externe Fokalisierung: Erzähler < Figur; der Erzähler sagt weniger, als die Figur weiß; Außensicht

Große Variabilität beim Erzählen, häufig ein Nebeneinander der 3. Arten; man kann die Fokalisierung insgesamt für das Werk bestimmten, aber auch sehr kleinschrittig.

Nullfokalsierung/ auktorial

- Erzähler weiß mehr als die Figuren
- Souveräner Überblick, Wissen
- Allwissend, kennt die Gedanken und Gefühle der Figuren
- Kommentiert und wertet, wertende Instanz, stark über Beschreibung (z.B. Chili)
- Erzähler kann sich an Leser wenden (z.B. Lupinen)
- Kann auch über sein Erzählen reflektieren (z.B. Mann)
- Erzähler tritt heraus aus der erzählten Welt
- Eigenmächtigkeit des Erzählers (Abschweifungen, Exkurs)
- Distanz zur Welt
- Kann in Innenwelt hineinblicken

- Kann dem Leser Dinge vorenthalten oder abschweifen
- Gestaltet das Erzählen und lenkt den Zuschauer
- Dominierend vor allem bei älteren Erzählungen, in der Moderne nicht mehr so
- Chili und Lupinen, in Lupinen referiert Erzähler auf das, was er erzählt hat
⇨ Der Erzähler spricht aus einer souveränen Übersicht über die dargestellten Verhältnisse, er kennt die Gedanken und Gefühle handelnder Personen und kommentiert/bewertet das von ihm Erzählte. Er wendet sich an den Leser, es bildet sich eine Distanz des Erzählers zu der von ihm dargestellten Welt.

Interne Fokalisierung/ personal
- Erzähler teilt Informationsstand der Figur
- Aus der Perspektive einer Figur/ des Protagonisten
- Entschiedene Beschränkung der Wahrnehmung
- Beschrieben werden meistens Vorgänge, weit reichende Möglichkeiten
- Man kann eine ganze subjektive Welt entfalten
- Die Innenwelt kann mehr Bedeutung erlangen, als die Außenwelt (siehe Kafka)
- Monopersonale Erzählhaltung
- Meistens kann man Gedankengänge gut nachvollziehen
- Fugenlos, totalisiert
- Sommerhaus

⇨ Interne Fokalisierung ist das Erzählen aus der Perspektive einer Figur. Die äußere Wahrnehmung beschränkt sich notwendigerweise auf das, was in das limitierte Wahrnehmungsfeld einer einzelnen Figur rückt. Dafür bietet sich einen größere Möglichkeit bei der Darstellung von inneren Vorgängen, Gedanken, Wahrnehmungen und Gefühlen einer Figur. Die subjektive Vorstellungswelt, halbbewusste und unbewusste Regungen (Träume, Gewissensbisse, Ressentiments, Sexualphantasien, Verdrängungen, Hoffnungen) stehen im Mittelpunkt.

- Personale Multiperspektive
- variable interne Fokalisierung → Wechselnde Figuren als personale Erzähler
- Feste interne Fokalisierung: an die Wahrnehmung einer einzelnen Figur gekoppelt

Auktorial wird nicht durch personal abgelöst → es gibt kaum Texte, in denen konsequent personal erzählt wird

Externe Fokalisierung/ neutral
- Erzähler weiß weniger als die Figur, hat keine Innensicht
- Weder wird aus der Sicht einer Person erzählt, noch ist ein Erzähler im Vordergrund
- Erzähler lässt Figuren reden, aber kommentiert nicht, sondern beschreibt nur
- Szenisches Erzählen (wie beim Drama)
- Der Erzähler rückt aus dem Blickfeld des Lesers
- Eindruck der Unmittelbarkeit
- Äußerste Zurückhaltung des Erzählers, kein Kommentar (weiß nur, was er beobachtet)
- Unbeteiligt
⇨ Es handelt sich um ein neutrales Erzählen, der Erzähler spricht nicht selbst aus der Sicht einer Figur, sondern lässt die Figur in direkter Rede Sprechen, wie im Drama. Es handelt sich um szenisches Erzählen.

Ich-Erzählung
- Homodiegetisch fiktionale Erzählung (gehört zur erzählten Welt) z.B. Leiden des jungen Werthers
- (Heterodiegetisch fiktionale Erzählung ist die eher normale Form → z.B. Chili)
- muss nicht die Hauptperson sein, kann auch Rand- oder Nebenfigur sein
- kann auch auktorial sein, z.B. in einer Rückschau, sonst personal
- Distanz des Erzählers zum Erzählten (teils) aufgehoben

- in den Lupinen: „wir"-Erzähler: plurales modesti, heterodiegetisch

Was kann ein Ich-Erzähler leisten?

- epische Distanz kann teilweise aufgehoben werden, der Erzähler steht nicht mehr über dem Geschehen, sondern steht direkt im Geschehen
- vgl. autobiographische Erzählung
- Abstand zwischen <u>erlebendem</u> und <u>erzählendem</u> Ich → erzählendes Ich berichtet vom erlebenden Ich (z.B. Greis erzählt von Kindheit), dieser Abstand kann stark variieren (vgl. Tagebuch, Brief → unmittelbares Erzählen von Erlebtem) Im Brief wird der Abstand auf ein Minimum gesenkt (siehe Sommerhaus)
- Die Distanz kann nie komplett aufgehoben werden, aber weitgehend

Funktion

- im Abendteuer-Roman: Beglaubigungsfunktion, Ich steht als Gewähr ein
- im Briefroman: subjektives Empfinden/Innenleben einer Figur
- in der Autobiographie: Erzählen von eigener Lebensgeschichte, Vorsicht: erzählendes vs. erlebendes Ich

⇨ Der homodiegetische Erzähler tritt als „Ich" hervor uns ist zugleich eine Person der Erzählung. Der Erzähler gehört also zur Welt der Romancharaktere. Er selbst ist oder war in das Geschehen verwickelt, hat es miterlebt oder mindestens beobachtet. Zu beachten ist der (zeitliche) Abstand zwischen dem erzählenden und dem erlebenden Ich. Das erzählende berichtet von dem erlebenden.

Unzuverlässiger Erzähler

- Begrifflichkeit stammt von Booth
- v.a. in Ich-Erzählungen, kann aber auch ohne „Figuren"-Erzähler vorkommen
- fiktiver Erzähler erzählt in Widersprüchen (aber nicht aus Fehlern des Autors oder aus Ironie des Erzählers)
- Erzähler erzählt innerhalb der Fiktionslogik nicht (die ganze) Wahrheit
- der Leser muss sich eine 2. Version der Erzählung ausdenken, um die Geschichte stimmig werden zu lassen → Aktive Teilnahme des Lesers gefordert und dessen Interpretation
- Stiller

Wer kann dieser unzuverlässige Erzähler sein?

- Verrückter, der meint, die Wahrheit zu sagen
- Erzähler, der absichtlich etwas verschweigt (Erzeugung von Spannung)
- ein Lügner, Blender oder ein Verblendeter
- ein Erzählern, dem es an Wissen mangelt
- aus moralischem Defizit des Erzählers

Merkmale eines unzuverlässigen Erzählers

- meistens ist er homodiegetisch, oder sogar autodiegetisch
- viele subjektiv gefärbte Kommentare, Leseranreden, Interpretationen
- Verstricken in Widersprüchen (ermöglicht intertextuelles Erkennen des unzuverlässigen Ich-Erzählers)
- oft muss man auch Paratexte (außertextuell) heranziehen, um zu erkennen, ob es sich um einen unzuverlässigen Erzähler handelt: Autorinfos, Literaturgeschichtliches, Hintergründe, Klappentext

⇨ Die von einem fiktiven Erzähler vermittelte Geschichte weist Widersprüche und Brüche auf, die nicht auf Fehler des Autors oder auf Selbstironie des Erzählers zurückzuführen sind und Zweifel an dessen Kompetenz und Glaubwürdigkeit wecken. Es handelt sich um Behauptungen über die erzählte Welt, die falsch oder zweifelhaft sind. Ein unzuverlässiger Erzähler erzählt innerhalb der Funktionslogik nicht die Wahrheit, oder zumindest nicht die ganze; und er fordert der Leser indirekt dazu auf, eine zweite Version der erzählten Geschichte zu rekonstruieren. Die Analyse erfolgt intratextuell oder über Parataxe (Vorwort, Nachwort, Titel).

Vermittlung von Worten und Gedanken

Narrativer vs dramatischer Modus: Erzähler im Vordergrund vs Erzähler tritt hinter seine Figuren

Darstellungsformen der Personenrede:

Personenrede
alle Äußerungen von Handlungspersonen, der Redeakt wird sowohl direkt, als auch indirekt wiedergegeben, natürlich können sie abwechselnd verwendet werden

direkte Rede
Umittelbarkeit, man kann lange Passagen erzählen (was im Konjunktion lästig werden könnte)
die „inquit-Formel" kann weggelassen werden, ebenso die „An- und Abführungszeichen" → dann handelt es sich um die <u>autonome Rede</u>
externe Fokalisierung, dramatischer Modus

indirekte Rede
durch Erzähler vermittelt, starke Präsenz des Erzählers, immer in 3.Person und Konjunktiv,
kann zweifelhaft wirken → starke Distanz des Lesers zur Figur, Lenkung durch den Erzähler

> ⇨ Unter Figurenrede versteht man im weitesten Sinn alle Äußerungen, die einer Handlung zugeordnet sind. Im engeren Sinne kann man von Figurenrede nur sprechen, wenn ein tatsächlicher Redeakt in die Erzählung eingebracht wird, also entweder durch direkte Rede oder durch indirekte Rede einer Person. Beide Formen werden häufig durch die „inquit"-Formel vermittelt.

Darstellung von Gedanken:

innerer Monolog
- nicht laut gehalten, stummer Monolog/Selbstgespräch
- in der 1.P.Sg. und Präsens geschrieben (nicht auktorial vermittelt) (im Gegenteil zum Gedankenbericht, der in der 3.P.Sg. steht und auktorial vermittelt wird, auch abzugrenzen vom Selbstgespräch, da dieses dialogisch ist)
- geht bis ins tieferliegende Bewusstsein, Halbbewusste, Stimmungen, reicht in Dimensionen, in denen Subjekt „nicht mehr Herr im Haus" ist
- Leser nimmt an Dingen teil, bei denen sich die Figur selbst in Diffusem verliert
- vermittelt Stimmungen, legt Innenwelt offen, Erinnerungen entfalten sich
- tilgt Erzählerpräsenz
- teils nicht mehr rational, sehr assoziativ
- extreme Form: Bewusstseinsstrom (die innere Sprache wird weitgehend von rationalen Strukturen gelöst (Syntax unvollständig), um die nicht rational steuerbaren Bewusstseinsabläufe in ihrer Inkohärenz darzustellen, die Möglichkeit bietet größtmögliche Unmittelbarkeit, das Innere einer Person soll repräsentiert werden)
- Funktion: Unmittelbarkeit (Erzähler nimmt sich zurück), Innenleben der Person (was sonst ins Schweigen abgedrängt wird: Zweifel, Assoziationen, Tabus)

Nicht zu verwechseln ist er mit dem Gedankenzitat, das durch eine Formel wie „er dachte" markiert wird. Von einem inneren Monolog unterscheidet sich ein solches durch die Einbettung in den auktorialen Kontext und durch eine Formel, welche die auktoriale Vermittlung anzeigt. Auch hat das Gedankenzitat eine rationale Argumentstruktur.

erlebte Rede
- wichtigstes Kunstmittel modernerer Literatur

- psychologisches Element
- im Indikativ und der 3.P.Sg., epischen Präteritum (Beispiel aus Thomas Mann: „Der Konsul ging umher. Er hatte keine Zeit. Er war bei Gott überhäuft. Sie sollte sich gedulden.")
- Innenperspektive, innenfokalisiert
- steht zwischen direkter und indirekter Rede
- beinhaltet: tatsächlich Gesprochenes, Gefühle und unausgesprochene Gedanken
- Überlagerung und Mischung von Erzähltext und Figurenrede → daher braucht man Indizien zur Differenzierung
- Indizien:
  - o Deiktische Zeit und Raumadverbien, die sich auf den Figurenstandpunkt beziehen (morgen, hier, nun)
  - o Affektive oder argumentative Interjektionen; gewiss, jedoch, eigentlich, …
  - o Emphatische Ausrufe (Ah! Oh! Ach!)
  - o rhetorische Fragen
  - o Partien mit wirren, halbbewussten Regungen einer Figur, die nur erzählerisch sozusagen „verdolmetscht" und also vermittelt werden können
    (Lupinen: wohin? Nirgend wohin … war da nicht ein Hohlweg gewesen?)
- reflexhafte Ausreden, Gewissensbisse, Verdrängungen, Irritationen
- Intensivierung der Figur, Figurenperspektive; wir sehen direkt durch die Augen der Figur

Ausführlich aus Lahn-Meister
1. Thematische Merkmale: Erzählertext und Figurentext können sich in der Auswahl von Themen unterscheiden.

2. Merkmale der Wertung: ET und FT können sich im Hinblick auf den ideologischen Horizont unterscheiden.

3. Grammatische Merkmale der Personalform: ET und FT können sich in der Verwendung der Pronomina und der Verbformen unterscheiden.
Heterodiegetischer Erzähler verwendet Pronomina und Verbformen der dritten Person für alle am Geschehen beteiligten.
Figur dagegen verwendet alle drei grammatischen Personen („ich", „du", „er")

4. Grammatische Merkmale des Tempus: Erzähler verwendet in der Regel Präteritum oder seltener Präsens, um Vorgänge in der erzählten Welt zu beschreiben. Figur verwendet alle drei Zeitstufen.

5. Grammatische Merkmale des Zeigsystems: Um Raum und Zeit zu bezeichnen, kommen in ET und FT unterschiedliche Zeigsysteme zum Einsatz.
Figur verwendet raumzeitliche Verweisausdrücke („Deiktika"), die sich auf ihren Standpunkt im aktuellen Hier-und-Jetzt beziehen – wie ‚gestern', ‚heute', ‚morgen', ‚hier', ‚dort'.
Erzähler verwendet Zeigwörter, die relativer Art sind (anaphorische Ausdrücke) – wie ‚am Tag zuvor', ‚am selben Tag', ‚am folgenden Tag', ‚am selben Ort', ‚andernorts'

6. Merkmale der Sprachfunktion: ET und FT können durch unterschiedliche Sprachfunktionen wie Darstellung, Ausdruck, Appell charakterisiert sein.

7. Stilistische Merkmale der Lexik: ET und FT können für dasselbe Objekt oder dieselbe Figur unterschiedliche Benennungen verwenden (Kosenamen, dialektal gefärbte Ausdrücke).

8. Stilistische Merkmale der Syntax: ET und FT können durch unterschiedliche syntaktische Muster charakterisiert sein.

Skalierung der Mittelbarkeit

1. Erwähnung des sprachlichen Akts
2. Gesprächsbericht

3. Transponierte Rede
4. erlebte Rede (wirkt mittelbarere als indirekte)
5. dramatischer Modus → gesprochene Rede (direkte Rede, autonome Rede)
6. Bewusstseinsbericht
7. autonomer innerer Dialog

Narrativer Modus *Telling*, mittelbar	Übergangsformen / transponierte Rede	Dramatischer Modus *Showing*, unmittelbar
Gesprochene Rede Gesprächsbericht	indirekte Rede Erlebte Rede	direkte Rede autonome direkte Rede
Gedankenrede Bewußtseinsbericht	indirekte Rede Erlebte Rede/ innerer Monolog	Gedankenzitat autonomer innerer Monolog; Bewußtseinsstrom

Beispiele
- Erwähnung des sprachliche Akts: Valtin sprach mit Grete.
- Gesprächsbericht: Valtin erzählte Grete von einem Nest.
- indirekte Rede: Valtin sagte zu Grete, daß sie ein Nest in ihrem Garten hätten.
- erlebte Rede: Ja, sie hatten doch tatsächlich ein richtiges Nest in ihrem Garten!
- direkte Rede Valtin sagte zu Grete: „Hör mal, wir haben ein Nest bei uns im Garten!"
- autonome direkte Rede: Hör mal, wir haben ein Nest bei uns im Garten!

Skalierung aus Lahn-Meister
Skalierung von Mittelbarkeit und Unmittelbarkeit nach Scheffel / Martínez, S. 62. [1]

NARRATIVER MODUS   DRAMATISCHER MODUS
(Mittelbar)   (Unmittelbar)
←——————— — — — — — — — ———————————→
Erzählte Rede   Transponierte Rede   Zitierte Rede
                Präsentation von gesprochener Rede
Erzählte Rede   Abnahme an Mittelbarkeit

– Erwähnung des sprachlichen Akts: Valtin sprach mit Grete
– Gesprächsbericht: Valtin erzählte Grete von einem Nest.

Transponierte Rede

– indirekte Rede: Valtin sagte zu Grete, daß sie ein Nest im Garten hätten.
– erlebte Rede: Ja, sie hatten wirklich ein Nest in ihrem Garten.

Zitierte Rede

– direkte Rede: Valtin sagte zu Grete: „Weißt du, wir haben ein Nest in
                                  unserm Garten!"

– autonome direkte Rede: Weißt Du, wir haben ein Nest in unserm Garten.

NARRATIVER MODUS		DRAMATISCHER MODUS
(Mittelbar)		(Unmittelbar)

←——————————— – – – – – – – – – – – – ————————————→

Erzählte Rede	Transponierte Rede	Zitierte Rede
	Präsentation von Gedankenrede	

Erzählte Rede	Abnahme an Mittelbarkeit
– Bewußtseinsbericht:	Valtin hatte darüber nachgedacht, ob er Grete ein Geheimnis verraten sollte, und er war nun entschlossen, es auszuplaudern.

Transponierte Rede

– indirekte Rede:	Valtin sagte sich, daß er Grete von dem Nest erzählen wolle.
– erlebte Rede:	Doch, jetzt wollte er Grete unbedingt von dem Nest erzählen.

Zitierte Rede

– Gedankenzitat:	„Ich will Grete unbedingt von unserm Nest erzählen", dachte er.
– Autonomer Innerer Monolog:	Da kommt Grete in den Garten... sie sieht traurig aus... na, da will ich ihr doch mal von unserm Nest erzählen...

Lupinen: meist im narrativen Modus, aber auch dramatischer Modus

Zeitliche Dimension

was (das Dargestellte, histoire) versus wie (die Darstellung, discours) präsentiert wird
- linear (chronologisch)
- Anachronie (Umstellung der Chronologie): Abweichung vom Regelfall des chronologischen Erzählens: Die temporale Anordnung des Ereignisse und Geschehnisse auf der Ebene der Geschichte stimmt nicht mit der Anordnung der Ereignisse auf der Ebene des Diskurses überein.

- zu unterscheiden in Reichweite (der zeitliche Abstand zwischen dem Zeitpunkt der gegenwärtigen Handlung und dem Zeitpunkt der Anachronie) und Umfang (die Zeitdauer des anachronisch dargestellten Ereignisses)
- können jeweils partiziell oder komplett sein:

Analepse:
Nachträgliche Erwähnung eines Ereignisses oder Geschehnisses, das innerhalb der Geschichte zu einem früheren Zeitpunkt stattgefunden hat.

- aufbauende Rückwende: steht am Beginn der Erzählung, erzählt die Vorgeschichte, am Anfang der Erzählung werden Ereignisse ergänzt, die für das Verständnis dieser Szene und den folgenden Handlungszusammenhang von Bedeutung sind
- auflösende Rückwendung: am Ende einer Erzählung wird ein zunächst lückenhaft dargestelltes Ergebnis nachträglich so vervollständigt, dass das bislang Erzählte in einem neuen Licht erscheint
  ➜ analytisches Erzählen: vom Endzustand zurückgerollt, an Ursprungssituation zurückgeführt; beginnt mit einem (rätselhaften) Ereignis und rekonstruiert rückblickend in Analepsen das Geschehen, das zu diesem Ergebnis geführt hat (z.B. Detektivromane, Krimi)
  ➜ synthetische Erzählung: Geschehen wird in seiner chronologischen Reihenfolge geschildert
- Rückwenden sind natürlich auch immer innerhalb möglich, z.B. um Personen zu charakterisieren, oder intensive Besinnung auf bisher Erlebtes (Sommerhaus), Reflexion zur Klärung einer Situation

  im Erdbeben von Chili: 1. Situierung der Geschichte, 2. Vorgeschichte (nachgeholte Exposition) im Film wäre das die Rückblende; Lupinen: Kindheit (aufbauend), Sommerhaus: Beziehung zwischen den Personen

Prolepse
Vorgreifende Erwähnung eines Ereignisses oder Geschehnisses, das erst zu einem späteren Zeitpunkt des Geschehens stattfinden wird.
Vorausdeutung in die Zukunft/ auf den Ausgang

- am Anfang: Leitlinie für den Roman
- in der Mitte: Verbindungslinien zur nächsten Phase der Erzählung
- Funktion: Perspektivierung des Geschehens, Leitmotive entwickeln

Leitmotiv
- verweist sowohl zurück, als auch nach vorn
- einprägsame Aussagen/prägnantes Wort(folge), das genauso oder ähnlich immer wiederkehrt
- Funktion: Aufbau eines sinnstiftenden Kontinuums, Leitfaden; bei gleichbleibendem Grundbestand des Leitmotivs kann es bestimmte Abwandlungen markieren
- selten gibt es auch mehrere Leitmotive, oder ein Geflecht aus Leitmotiven
- wiederkehrendes Motiv
- sinnstiftendes Kontinuum, Leitfaden

Leitmotiv „Lupinen"   (für die Klausur)
- Wie wandelt sich das Motiv ab?
- Welche Funktion hat es im Text?
- ist es bedeutungsstiftende?
- ist es bedeutungsvariierend?

Dauer des Erzählens

Dauer: Parameter zur Beschreibung des Verhältnisses von erzählter Zeit und Erzählzeit in Bezug auf den jeweils in Anspruch genommenen Zeitraum in Geschichte und Diskurs.

Erzählte Zeit: Zeit bzw. Zeitdauer der erzählten Geschichte, Zeitraum, den das Geschehen in Anspruch nimmt
Erzählzeit: Zeitraum, den die Erzählung braucht, um die Geschichte zu berichten. Dauer, welche die Lektüre des Erzählens benötigt.

Thomas Mann, *Der Zauberberg*

Die Erzählung hat zweierlei Zeit: ihre eigene erstens, die musikalisch-reale, die ihren Ablauf, ihre Erscheinung bedingt,
→ **ERZÄHLZEIT**

zweitens aber die ihres Inhalts, die perspektivisch ist, und zwar in so verschiedenem Maße, daß die imaginäre Zeit der Erzählung, fast, ja völlig mit ihrer musikalischen zusammenfallen, sich aber auch sternenweit von ihr entfernen kann.
→ **ERZÄHLTE ZEIT**

Zeitdeckung: erzählte Zeit = Erzählzeit
Bei szenischer Darstellung, in Dialogpassagen (z.B. Sommerhaus), oft nur Annäherungen
Konstantes Verhältnis von Dauer der erzählten Zeit und Dauer der Erzählzeit, meist in Bezug auf ein begrenztes Textsegment
Zeitdehnung: erzählte Zeit < Erzählzeit
Dauer eines Geschehenselements in der erzählten Zeit deutlich kürzer als die Dauer seiner Darstellung in der Erzählzeit (Gedanken, Träume, Bewusstseinsvorgänge)→ Sonderform: **Deskriptive Pause:** erzählte Zeit bleibt stehen, während sich der Erzähler in Beschreibungen erschöpft; Erzähltempo so stark verringert, dass Fortgang der Handlung unterbrochen ist; Erzählerkommentare, detaillierte Beschreibungen
Zeitraffung: erzählte Zeit > Erzählzeit
Dauer eines Geschehenselements in der erzählten Zeit deutlich länger als die Dauer seiner Darstellung in der Erzählzeit.
Ist das „normale" Verfahren, es ist ein immer summarisches/zusammenfassendes Erzählen, die Extremform bildet die **Ellipse**/Zeitsprung (Auslassung); es geht vor allem um die Methode:
- *sukzessive Raffung:* grossschrittige Zusammenfassung der Zeit, nach dem Format „dann und dann und dann", Aneinanderreihungen von Ereignissen, hohe Raffungsintensität, folgt sehr dicht aufeinander

- *iterative Raffung*: fasst Raffung durch Wiederholungen zusammen, „immer wieder in dieser Zeit passierte das und das", immer wieder in vergangener Zeit einzeln sich wiederholend; passiert mehrmals in einem Zeitraum, wird aber nur einmal erzählt
- *durative Raffung*: Begebenheiten oder Tätigkeiten, die über einen ganzen Zeitraum hinweg dauern, „die ganze Zeit hindurch…"
-

Frequenz des Erzählens

Parameter zur Beschreibung der Wiederholungshäufigkeit von Ereignissen und Geschehnissen auf der Ebene der Geschichte im Vergleich zum Diskurs: Wie oft passiert ein Ereignis oder Geschehnis, wie oft wird es erzählt?

	Erzählzeit		**Erzählte Zeit**
Szene	Erzählung	≈ (gleich)	Geschehen
Dehnung	Erzählung	· > (länger als)	Geschehen
Raffung	Erzählung	< (kürzer als)	Geschehen
Ellipse	Erzählung steht still		Geschehen geht weiter
Pause	Erzählung geht weiter		Geschehen steht still

- *Singulatives Erzählen*: einmal erzählen, was einmal geschehen ist. Normalfall der Frequenz.
- *Repitetives Erzählen:* es wird mehrmals erzählt, was nur einmal passiert ist
- *Iteratives Erzählen:* etwas ist mehrmals passiert, wird aber nur einmal erzählt

Faktuale Literatur

- Synonym: Gebrauchsliteratur, 4.Gattung, Zwecksformen, literarische Gebrauchsform
- Keine strikte Trennung zwischen fiktional und faktual
- Faktual → Faktum, bezieht sich auf Fakten (in Autobiographie gibt es Übergänge zur Fiktionalität), referieren auf empirische Wirklichkeit
- Tatsächliche Behauptung des Autors
- Eine authentische Rede aus Aussagesätzen über reale historische Ereignisse/ Personen, die von einem realen Sprecher mit behauptender Kraft geäußert wird.

Textsorten

- **Autobiographie:** Beschreibung des Lebens eines einzelnen durch sich selbst, Lebensabschnitte werden entwickelt, oft Idealisierung der Kindheit; authentisches Ich, erzähltes Ich = erzählendes Ich, Entwicklung; autobiographischer Pakt (Erkennung nur über Eigennamen); im 20Jhd: selbstreflektierend, Thematisierung des Schreibprozesses, fortlaufende/fortführende Biografie
- **Biographie:** berichtet von außen über authentisches Leben
- **Brief:** authentische Mitteilung an einen oder mehrere Leser, wurde lange nach rhetorischen Regeln gelehrt (Anrede, Anleitung, Darlegung des Sachverhalts, Begründung des Anliegens, Schluss/Zusammenfassung); vertrauliche vs offene Form, dialogische Form, hoher Informationsgehalt (Quellen), wurde oft von Frauen zur literarischen Betätigung genutzt. In der Aufklärung (Originalität, gesellschaftliche Umwälzung) bekam der Briefroman große Bedeutung (Übergang zur Fiktionalität). In der Romantik bekam der Brief noch mal einen neuen Aufschwung, er bot die Möglichkeit des Entfaltungsraumes („Bild der eigenen Seele").
- **Essay:** Versuch auf geistreiche Weise ein (Aktuelles) Thema zu umreißen, für Wochenzeitschriften

Fiktionale Literatur

Prosa (nicht nach vorn gerichtete, schlichte Rede; nicht in Versform: Novelle, Roman, Märchen)

Novelle
- Italienisch: Neuigkeit; Versprechen an die Leser, noch nie Gehörtes/Unerhörtes zu verarbeiten; sich eine ereignete (oder eine die sich ereignen könnte/real vorstellbar) unerhörte Geschichte
- Einsträngig, straff geführte Handlung, wenig Akteure

Geschichte:
In der italischen Renaissance gab es eine Sammlung, zyklisch geordneter Novellen im Prinzip des Rahmens (Innenhandlungen bilden verschiedene, unpsychologische Novellen) von Decomarone.
Die deutsche Novellen-Dichtung begann im ausgehenden 18. Jahrhundert mit Kleist, dann Eichendorff, Bücher, Hofmann, etc. Unterschiede zur neuen Novelle des 19. Jahrhunderts:
- Psychologische Vertiefung der Figuren und des Geschehens → individuelle Personengestaltung
- Reflexion der geschichtlichen Dimension (sozial, kulturell, ...)
- Verlust der drastischen Erotik
- Anreicherungen aus den Elementen der Umwelt der Hauptgestalten
  → Umfangreicher, vielschichtiger

Roman
- Ist in Prosa verfasst
- Lange Zeit hatte der Roman kein hohes Ansehen, religiöse Vorurteile (Liebesabenteuer)

Geschichte:
- *Barock*: Legitimierung des Romans in jedem Vorwort, Moral wird mit süßem Überzug vermittelt, Thema „Liebe" zentral, heroischer Rahmen dominiert, Liebe wendet sich in persönliche Sphären, früher Roman ist sehr wirr und teils mit Prosaauflösung verbunden, höfische Form des Romans, höfischer Held
- *Ritter und Parzivalromane*: illusionierend, verwirrende Buntheit, fantastisch, abenteuerlich, Prosaauflösung, entfernt von allen Erfahrungsbereichen der Menschen
- *Schelmenroman*: eigene nationale Varianten durch Übersetzung und Neuordnung, Antiheld ohne Charakter, armseliger Held muss sich durch eine Welt der Laster schlagen und ist von geringem Abstand (Parfum) und muss sich im Leben behaupten, episodischer Aufbau, desillusionierend
- *Bürgerlicher Roman*: bürgerliche Privatheit, Wandel der Gesellschaft, Herausbildung des Bürgertums, Aufklärung und Empfindsamkeit, der Held wird ein mittelmäßiger Held (zwischen höfischem Held und Schelm), individualisierende Züge, Innenleben der Romanfigur, innere Entwicklung, psychologische Gestaltung, Struktur durch Psychologieren des Romans, Kohärenz/innerer Zusammenhang → insgesamt homogenisiert
- *Briefroman*: Subjektivierung und Darstellung der Gefühle in der Empfindsamkeit, persönliche Vertrautheit, subjektive Stimmungen (Werther: einseitige Kommunikation, sonst aber auch zweiseitige Kommunikation im Briefroman üblich; Einseitig → Höhepunkt der Subjektivierung)
- *Bildungsroman*: Hineinwachsen eines Menschen in die Realität, im Mittelpunkt steht Individuum und dessen Bildungsgang, Individualitätsdenken, Bildung als Prozess dem die Lebensgeschichte zugrunde liegt, psychologische Schlüssigkeit, Grundmuster: innere Geschichte/Prozesse im Verhältnis zur Umgebung/Gesellschaft → Verhältnis Selbstbestimmung/Fremdbestimmung
- *Gesellschaftsroman*: zentrale Themen: individueller Spielraum auf Minimum eingeschränkt, Würde im Leben, Standesgrenzen, Zwänge der Gesellschaft (gesellschaftliche Strukturen/Konventionen), Figuren die sich über Konventionen erheben
- *Naturalismus*: (Ende des 19. Jahrhundert), Thema: Not und Leid der benachteiligten Schichten, Protagonisten sind erstmals aus diesen Schichten; Idealismus → Realismus, Spekulation → realistische Beobachtung, Religiosität → Positivismus; realistisches bzw. naturalistisches Menschenbild (Kritik an Romantik); Industrialisierung: Entwicklung zur Massengesellschaft, Determinismus des Menschen (kein individueller Spielraum mehr)
- *Moderner Roman im 20. Jhd.*: Epochenromane: umfassendes Gesamtbild der Epoche, geschichtliche Totalität, Repräsentation einer zeitgeschichtlichen Haltung/Strömung;
  Moderner/Experimenteller Roman: komplex, Subjekt instabil, inkonsistent, diffus, oft unbewusst gesteuert, vielschichtig, mehrdimensional, Wirklichkeitsverfall, Großstadtromane, zeitliches Nebeneinander verschiedener Sphären, diskontinuierlich (*Montageroman*), bewusst: Brüche, Momentaufnahmen, bruchstückhafte Gespräche, Zeitungsfetzen; innerer Monolog, abstrakte Reflexion, theoriehaltig, Verselbstständigung überindividueller Probleme